Harald Frank

Lounge Banking als innovatives SB Banking Konzept

Neue Vertriebskonzepte für Banken

GRIN Verlag

Bibliografische Information der Deutschen Nationalbibliothek:

Die Deutsche Bibliothek verzeichnet diese Publikation in der Deutschen National-
bibliografie; detaillierte bibliografische Daten sind im Internet über http://dnb.d-
nb.de/ abrufbar.

Impressum:

Copyright © 2009 GRIN Verlag GmbH
Druck und Bindung: Books on Demand GmbH, Norderstedt Germany
ISBN: 978-3-640-42879-3

Dieses Buch bei GRIN:

http://www.grin.com/de/e-book/134769/lounge-banking-als-innovatives-sb-banking-
konzept

GRIN - Your knowledge has value

Der GRIN Verlag publiziert seit 1998 wissenschaftliche Arbeiten von Studenten, Hochschullehrern und anderen Akademikern als eBook und gedrucktes Buch. Die Verlagswebsite www.grin.com ist die ideale Plattform zur Veröffentlichung von Hausarbeiten, Abschlussarbeiten, wissenschaftlichen Aufsätzen, Dissertationen und Fachbüchern.

Besuchen Sie uns im Internet:

http://www.grin.com/

http://www.facebook.com/grincom

http://www.twitter.com/grin_com

Inhaltsverzeichnis

1. Einleitung

Selbstbedienungskonzepte spielen bei Banken schon seit Langem eine entscheidende Rolle. Besonders Geldautomaten finden eine sehr weite Verbreitung. [Bartmann, Nirschl, Peters 2008, S.180]

Neben dem ursprünglichen Ziel, Kosten zu senken, geraten zunehmend vertriebliche Ziele in den Fokus von Banken. Der technologische Fortschritt und ein sich änderndes Kundenverhalten verstärken diesen Trend zunehmend. Neue innovative SB Konzepte sollen diesen Veränderungen Rechnung tragen und das Potenzial zur aktiven Kundenansprache im Rahmen eines durchgängigen Multikanalmanagements nutzen.

In dieser Arbeit wird das Konzept des Lounge Banking vorgestellt, in welchem die Dienste eines Coffee Shops und der SB Funktionalitäten einer Bank verbunden werden, um Synergieeffekte zu erzielen und die neuen Ziele des SB Banking umzusetzen. Zuerst wird die Motivation von Banken SB Geräte einzusetzen und die zukünftige Bedeutung erläutert. Im zweiten Schritt wird das Konzept einer Banking Lounge erklärt und anhand der Erfolgsfaktoren für SB Banking der Nutzen des Konzepts zur Erreichung der neuen Ziele dargelegt.

2. Bedeutung und Ziele der Selbstbedienung bei Banken

2.1. Motivation für den Einsatz von SB Geräten

Die Motivation der Banken Selbstbedienungsautomaten einzusetzen liegt einerseits am Potenzial Kosten einzusparen, andererseits müssen sie einem veränderten Kundenverhalten Rechnung tragen.

Der steigende Wettbewerb im Bankensektor [vgl. Zutter 2005] verursacht einen verstärkten Druck auf die Banken, Kosten zu reduzieren. Der größte Kostenfaktor ist das Personal, daher ist es Ziel beratungsarme Prozesse zu automatisieren und manuelle Arbeit auf den Kunden auszulagern [vgl. Zutter 2005] und somit das Personal von Routineaufgaben zu entlasten [vgl. Kassner 2006]. Die frei werdenden Ressourcen (Personal und Geld) werden zur Verbesserung der Beratung und des Vertriebs eingesetzt [vgl. Wessinghage 2005].

3

Neben der Kosteneffizienz unterstützt die Veränderung des Kundenverhaltens den Einsatz und die Verbreitung von Selbstbedienungsgeräten. Der Kunde im Informationszeitalter ist informierter und selbständiger als früher. [vgl. Bartmann, Nirschl, Peters 2008, S.124] Neben einem guten Preis-Leistungsverhältnis der Produkte spielen auch Verfügbarkeit und Bequemlichkeit bei der Nutzung der Dienstleistung eine Rolle [vgl. Zutter 2005]. Durch die Veränderung des Kundenverhaltens ändert sich auch die Nutzung der Vertriebskanäle. Die hauptsächliche Nutzung der Filiale für alle Dienstleistungen verschiebt sich zunehmend zu einer gemischten Nutzung mehrerer Kanäle. [vgl. Bartmann 2008, S.34]

Der Technologiefortschritt ermöglicht es den Banken zudem, komplexe Prozesse zu automatisieren und zur Selbstbedienung zur Verfügung zu stellen. Somit kann das Angebot von Dienstleistungen über SB Geräte erweitert werden, was weiter zur Wichtigkeit von SB Geräten beitragen wird.

2.2. Bedeutung und Trend von SB Geräten

Zur zukünftigen Bedeutung des Einsatzes von SB Geräten hat das ibi Research Institut 2008 eine Studie durchgeführt und dabei 82 Experten zu diesem Thema befragt.

Die bereits hohe Bedeutung von SB Automaten wird laut der Experten [vgl. Nirschl, Peters 2008, S.44] in Zukunft noch ausgeweitet. Bereits heute findet der Kontakt zum Kunden am Häufigsten über SB Geräte statt [Bartmann, Nirschl, Peters 2008, S.180]. SB Konzepte bieten somit ein hohes Potenzial Kunden aktiv und vertrieblich anzusprechen. Im Zuge des veränderten Kundenverhaltens steigen laut der Expertenbefragung auch am SB Gerät die Informationsbeschaffung und der Abschluss von Bankprodukten. Der zukünftige Trend bei SB Geräten bewegt sich von größtenteils als Rationalisierungsmaßnahme eingesetzten Geräten hin zu einem eigenen Vertriebskanal [vgl. Nirschl, Peters 2008, S. 18-21].

4

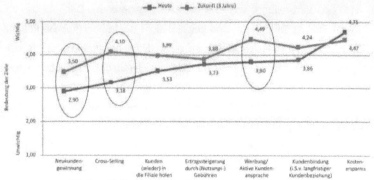

Mit dem SB Kanal verfolgte Ziele [Nirschl, Peters 2008, S.79]

Laut der Expertenbefragung nimmt die Wichtigkeit folgender Ziele in Zukunft zu:

- Aktive Kundenansprache

- Kundenbindung

- Cross-Selling

- Neukundengewinnung

Der Einsatz von SB Geräten zur reinen Kostensenkung verliert an Wichtigkeit, Aspekte des Kundenbeziehungsmanagements und des Vertriebs rücken in den Vordergrund. Da über SB Geräte auch bankfremde Kunden erreicht werden, eignet sich dieser Kanal auch zur Gewinnung neuer Kunden. [vgl. Bartmann, Nirschl, Peters 2008, S. 181]

Die Vorteile von SB Geräten gegenüber anderen Kanälen liegen darin, dass Kontakt zu vielen Bestands- und Neukunden erfolgt, Kunden die Dienstleistungen der Bank schnell und bequem nutzen können und zugleich Personalkosten gesenkt werden können. Der Nachteil von SB Geräten liegt im Verlust des Kontakts zum Kunden [vgl. Nirschl, Peters 2008, S.4], dieser Tatsache muss entgegengewirkt werden. Um die Werbung effektiv zu gestalten muss berücksichtigt werden, dass der Kunde mehr Zeit am Automaten verbringen muss, was in neuen SB Konzepten umgesetzt werden sollte.

Durch ein durchgängiges Multikanalmanagement kann sichergestellt werden, dass Kundenzufriedenheit und SB keinen Widerspruch darstellen, indem ein ganzheitliches Betreuungskonzept über alle Kanäle umgesetzt wird [vgl. Wessinghage 2005].

Neue Konzepte im Bereich des Convenience Banking richten sich nach den Bedürfnissen des Kunden, um so die Kundenzufriedenheit zu erhöhen.

3. Lounge Banking als innovatives SB Konzept

Nachfolgend wird das Konzept des Lounge Bankings, vorgestellt, welches sich nach der Idee des Convenience Bankings richtet. Nach der Erläuterung des Konzepts wird die Eignung für die Erfüllung der SB Ziele anhand von vier Erfolgsfaktoren dargelegt.

3.1. Lounge Banking

Kern des Lounge Bankings ist die Verbindung der angenehmen Atmosphäre eines Coffee Shops mit der Funktionalität einer SB Filiale. Durch diese Kombination sollen die neuen Ziele des SB Bankings, wie Kundenbindung, Cross-Selling, aktive Kundenansprache und Neukundengewinnung erreicht werden. Die Einrichtung und Dienste eines Coffee Shops schaffen ein angenehmes Ambiente, welches dazu beitragen soll, den Kunden in die Banking Lounge zu holen. Die Zeit, die der Kunde in der Banking Lounge verbringt, kann für eine gezielte aktive Ansprache und das Angebot von Bankprodukten genutzt werden. Das integrierte Angebot an Bankautomaten gibt dem Kunden die Möglichkeit, sich über Bankangelegenheiten zu informieren und seine Bankgeschäfte zu erledigen. Durch das Konzept sollen Bankkunden, wie Nicht-Bankkunden angesprochen werden.

3.2. Aufbau der Banking Lounge

Die Banking Lounge wird je nach Standort in einem kleinen Raum oder einem abgetrennten Bereich errichtet. Durch die Einrichtung der Lounge soll ein angenehmes Ambiente geschaffen werden, in welchem sich der Kunde wohlfühlt. Sie gliedert sich in drei funktionale Bereiche, die Theke, einer Info / Relax Ecke und dem Arbeitsbereich.

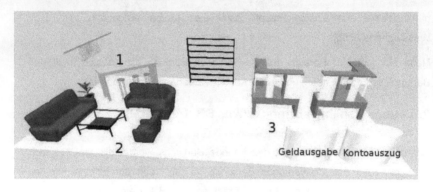

Aufbau einer Banking Lounge

Theke (1)

Der Coffee Shop stellt ein Zusatzangebot im Sinne eines guten Kundenservices dar. An der bedienten Theke werden gängige Kaffee-, Tee-, und Kaltgetränke angeboten, welche direkt an der Theke auf Barhockern oder im Info / Relax Bereich konsumiert werden können. Da die Bedienung einer Kaffeebar nicht zur Kernkompetenz einer Bank gehört und Personalkosten verursacht, wird diese durch eine Kooperation an eine Kaffeekette ausgelagert, wodurch Synergien genutzt werden können. Der Bekanntheitsgrad [vgl. Deutscher Kaffeeverband 2007] des Partners bringt erhöhte Aufmerksamkeit Neukunden, zusätzlich erhöht die Anwesenheit eines Mitarbeiters das Gefühl der Sicherheit und beugt Vandalismus in der Lounge vor.

Je nach Standort und Größe der Banking Lounge kann die bediente Theke auch durch Getränkeautomaten substituiert werden. In Geschäftsvierteln mit einem älteren wohlhabenden Publikum lohnt sich der Einsatz einer bedienten Theke, wohingegen in den Banking Lounges einer Schule der Einsatz von Automaten rentabler ist.

Info / Relax Ecke (2)

Die Info / Relax Ecke ist der Hauptbereich für die vertriebliche Ansprache des Kunden. Zum Einen bietet sich dem Kunden die Möglichkeit, zur Ruhe zu kommen, seine Getränke zu genießen und die Wartezeit für den Arbeitsbereich zu überbrücken. Zum anderen bietet sie ihm die Möglichkeit sich über Finanzprodukte, Neuigkeiten und Partnerangebote zu informieren.

Die Verbindung zwischen angenehmer Atmosphäre und Information soll dabei die Ansprache des Kunden unterstützen. Im Gegensatz zur Werbung an Automaten hat der Kunde hier Zeit und Ruhe, sich mit den Informationen und Produkten zu befassen. Die Schaffung eines angenehmen Ambientes wird durch die Gestaltung der Einrichtung mit Sesseln, Couches und Couchtischen, sowie einer sanften Beleuchtung erreicht. Ziel ist es den Kunden ein entspanntes Gefühl zu vermitteln, um seine Aufnahmefähigkeit zu erhöhen.

Zur Information über Neuigkeiten im Finanzbereich, neuen Produkten und Partnerangeboten wird in der Info / Relax Ecke entsprechendes Material bereitgestellt:

- Flatscreens
  zur Ausstrahlung von Börsenkursen und Finanznachrichten.

- Informationsbroschüren
  informieren über bankeigene Produkte und enthalten Anträge für Finanzprodukte

- Fachzeitschriften

- Partnerprodukte
  Produkte von Partnern können wie eigene Produkte über Broschüren und TV in der Info / Relax Ecke oder im Arbeitsbereich am Terminal selbst beworben bzw. verkauft werden.

- Regionale Tageszeitung
  liefert Informationen zu Ereignissen aus der Umgebung und stellt so einen regionalen Bezug her

Die Kombination von Ambiente und Information dient nicht nur dem Kundenservice und dem Vertrieb von Bankprodukten, sondern motiviert die Kunden auch in die Banking Lounge zu kommen.

Arbeitsbereich (3)
Der Arbeitsbereich ist der eigentliche SB Bereich der Banking Lounge. Neben einem herkömmlichen Geldautomaten und Kontoauszugsdrucker für schnelle Geschäfte befindet sich im Arbeitsbereich ein oder mehrere multifunktionale Terminals und ggf. ein abgetrennter Bereich für diskrete Bankgeschäfte. Das zu den Basisdiensten zusätzliche Dienstleistungsangebot wird je nach Standort und

Zielgruppe spezialisiert. Die Bereitstellung von mietbaren Schließfächern bietet den Kunden die Möglichkeit, für die Bankgeschäfte mitgebrachte Dokumente während ihres weiteren Einkaufs zu verwahren und auf dem Nachhauseweg abzuholen [vgl. Geldinstitute 2008a, S.43]. Ein Briefkasten dient zum Einwurf für Post an die Bank, z.B. können dort ausgefüllte Anträge eingeworfen werden. Im folgenden Kapitel wird bei den Erfolgsfaktoren näher auf die Funktionalitäten eingegangen.

Durch die Kombination dieser drei Bereiche soll eine Art Erlebnis-Banking geschaffen werden, eine Verbindung von Emotionen mit Bankprodukten. Auf diese Weise werden positive Erfahrungen und Gefühle eines Coffee Shops an die Bank gebunden [vgl. Haze 2000, S. 67].

3.3. Erfolgsfaktoren für das Lounge Banking Konzept

Durch das Banking Lounge Konzept sollen die in Kapitel erwähnten neuen strategischen Ziele des SB Banking erreicht werden. Im Folgenden werden die Erfolgsfaktoren des SB Bankings beschrieben und wie diese mittels des Lounge Banking Konzepts umgesetzt werden können.

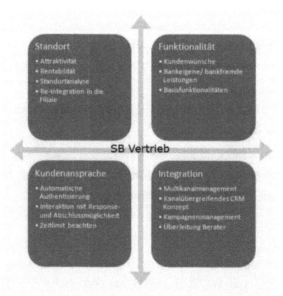

Erfolgsfaktoren des SB Banking [in Anlehnung an Bartmann, Nirschl, Peters 2008, S. 182]

3.3.1. Standort

Der Standort der Banking Lounges spielt im Convenience Banking eine entscheidende Rolle. Banking Lounges sollen dort eingerichtet werden, wo es dem Kunden Bequemlichkeit bedeutet, d.h. wo und wann der Kunde die Dienstleistung der Bank braucht oder Zeit hat, sich um Finanzangelegenheiten zu kümmern. [vgl. bank und markt + technik 2002] Für die Akzeptanz spielen so auch lange Öffnungszeiten und ein bequemer Weg eine Rolle. [vgl. Haze 2000, S. 66]

Zusätzlich ist ein attraktiver Standort ist für SB Geräte sehr bedeutend, da durch ein niedriges Transaktionsvolumen eine große Anzahl von Transaktionen erreicht werden muss, um die Rentabilität zu gewährleisten. Daher ist ein wichtiges Kriterium eine hohe Frequentierung der Standorte durch bankeigene wie bankfremde Kunden, da über Nutzungsgebühren bankfremder Kunden SB Standorte refinanziert werden [vgl. Bartmann, Nirschl, Peters 2008, S. 183].

Mögliche Standorte an gut besuchten Orten können sein:

- Einkaufszentren und Fußgängerzonen
  Vorteile: Präsenz am POS, wo Bankdienstleistungen benötigt werden und Verfügbarkeit kleiner Räume

- Bahnhöfe und Flughäfen
  Vorteile: Partnerangebote wie Tickets können in Lounges vertrieben werden

- Hotel Lobbies
  Vorteile: Kunden haben Zeit, sich mit Finanzangelegenheiten zu befassen

- Schulen, Hochschulen und Universitäten
  Vorteile: Früher Kontakt mit potenziellen Kunden und Partnerangebote, wie Aufladen des Handys

Die Auswahl geeigneter Standorte bedarf einer gründlichen Standortanalyse, um die Besucherzahlen der Banking Lounges zu erhöhen und die geeigneten Funktionalitäten bereitzustellen. So werden über den Standort auch verschiedene Zielgruppen angesprochen und die Funktionalitäten der Lounge können auf die Zielgruppe abgestimmt werden, was auch die Rentabilität der Komponenten erhöht. Cash Recycler sind in Geschäftsvierteln gewiss rentabler als in

Wohnungsvierteln [vgl. Bartmann, Nirschl, Peters 2008, S. 183]. Auch die innenarchitektonische Ausstattung der Banking Lounges wird trotz einer einheitlichen Linie im Sinne der Corporate Identity je nach Zielgruppe des Standortes angepasst. An Standorten mit wohlhabenden Kunden wird mehr Exklusivität verlangt, wohingegen in Universitäten und Schulen eine modernere Ausstattung angebracht ist.

Die Errichtung der Banking Lounges erfolgt in bereits bestehenden Gebäuden, was gegenüber neuen Filialen niedrigere Kosten verursacht, zusätzlich werden geringere Flächen benötigt. [vgl. Haze 2000, S. 67]

Neben externen Standorten können die Lounges auch in die Filiale, bzw. den Vorraum der Filiale, integriert werden. Dadurch wird der persönliche Kontakt mit dem Kunden unterstützt und gleichzeitig ein Platz geschaffen, um Wartezeiten zu überbrücken. [vgl. Steria Mummert 2008]

Durch eine geeignete Wahl des Standorts von Banking Lounges wird die Bequemlichkeit für den Kunden erhöht, was zu einer höheren Kundenzufriedenheit und Kundenbindung führt. Da auch bankfremde Kunden die Lounges benutzen können, bieten sich Möglichkeiten, diese vertrieblich anzusprechen und als Kunden zu gewinnen.

3.3.2. Kundenansprache

Durch eine hohe Verbreitung und hohe Akzeptanz von SB Geräten (> 30%) bei Bankkunden, wie Nicht-Bankkunden, bieten sie sich sehr gut für vertriebliche Aktivitäten an [vgl. Bartmann, Nirschl, Peters 2008, S. 185]. Da bei Zugriff auf die Automaten eine Authentifizierung erfolgt, ist es möglich den Kunden (nur eigene Bankkunden) individualisiert und aktiv anzusprechen. Durch die Identifizierung des Kunden ist es möglich die Benutzeroberfläche des Terminals an die Wünsche und Bedürfnisse des Kunden anzupassen und damit den Kundenservice zu erhöhen.

Die individuelle Anpassung ermöglicht es auch "Problemgruppen" den Umgang mit SB Systemen näher zu bringen. [vgl. bank und markt + technik 1999]

Für sehbehinderte Menschen kann bei der Anmeldung die Menüführung und Interaktion (teilweise) sprachgeführt angeboten werden. Bei diskreten Inhalten erfolgt die Ausgabe über Kopfhörer (selbst mitzubringen) und die Eingabe über

eine blindengerechte Tastatur. [vgl. bank und markt + technik 1999] In größeren
Banking Lounges können auch abgetrennte Bereiche für diskrete Geschäfte
errichtet werden.

Eine weitere Gruppe stellen ältere Menschen dar. Die Nutzung von SB Geräte
nimmt im Alter ab. Gründe dafür können   mangelnde Technikaffinität oder
komplexer werdende Prozesse sein. [vgl. bank und markt + technik 1999] Um
diese Kundengruppe speziell anzusprechen können die Inhalte leicht verständlich
aufbereitet und Hilfestellung bei der Benutzung gegeben werden. Eine einfache
Gestaltung der Benutzeroberfläche und eine vergrößerte Darstellung der Schrift
(optional Sprachausgabe) erleichtern älteren Menschen den Umgang mit dem
Terminal. Einführungskurse und Hilfestellung durch Bankmitarbeiter machen die
neue Technologie zugänglich.

Neben den Problemgruppen können mit dem Banking Lounge Konzept verstärkt
Nicht-Bankkunden erreicht werden. Einerseits durch die allgemeinen SB
Leistungen, andererseits durch die Zusatzleistungen und der Kaffee-Bar kommen
Nichtkunden in die Banking Lounge und können so angesprochen und beworben
werden. Die Ansprache erfolgt dabei auch ohne Benutzung des Terminals in der
Lounge selbst durch das Informationsangebot und die Screens.

Da die Kunden gegenüber herkömmlichen SB Geräten in der Lounge mehr Zeit
verbringen, bleibt den Banken mehr Zeit diese ausführlicher zu informieren und
den Kunden mehr Zeit die Informationen aufzunehmen und zu verarbeiten. [vgl.
Bartmann, Nirschl, Peters 2008, S: 185]

Nach erfolgreicher Ansprache kann am Terminal auch der Abschluss der Produkte
erfolgen. Je nach Produkt ist es möglich direkt einen Vertrag abzuschließen oder
über das Terminal Kontakt zum Berater herzustellen.

Die Möglichkeit Kontakt zum Berater oder der Bank aufzunehmen wirkt auch der
Gefahr entgegen, an SB Geräte Kunden zu verlieren [vgl. Bartmann, Nirschl,
Peters 2008, S. 183].

3.3.3. Funktionalität

Neben einem geeigneten Standort und einer aktiven Kundenansprache stellen die Funktionalitäten des Arbeitsbereichs einer Banking Lounge einen zentralen Erfolgsfaktor dar, da sie die eigentliche Dienstleistung beinhalten.

Ein Teil des Arbeitsbereichs sollte mit herkömmlichen Automaten und Basisfunktionalitäten, wie "Kontostand abfragen", "Geld abheben", "Kontoauszug drucken" und "Überweisungen tätigen", ausgestattet werden. Diese Dienstleistungen werden am häufigsten wahrgenommen [vgl. Steria Mummert 2008] und stehen an diesen Automaten somit schnelle Routineaufgaben zur Verfügung, ohne dass die Kunden lange Wartezeiten in Kauf nehmen müssen.

Der zweite Teil besteht aus einem oder mehrerer multifunktionaler Terminals, über welche die besonderen Funktionen und Partnerangebote abgewickelt werden. Diese Terminals bestehen aus einem großen Touch Screen mit Tastatur (für leichtere Eingabe von Zahlen) und einem Kartenslot für die Debit- / Kreditkarte. Diese Terminals sind direkt mit dem Netz der jeweiligen Bank verbunden. Die Authentifizierung des Benutzers erfolgt über die Karte und der einzugebenden PIN-Nummer, wie bei herkömmlichen GAA auch. Durch die Authentifizierung des Kunden ist es möglich neben der bedürfnisgerechten Ansprache auch die Funktionalität und das Erscheinungsbild individuell angepasst zu gestalten. [vgl. Bartmann, Nirschl, Peters 2008, S. 185] Als Serviceleistung kann die Personalisierung der Inhalte gemeinsam mit dem Kundenberater der Bank vorgenommen werden.

Die Dienste des Terminals sollen modular aufgebaut sein, um die Funktionalität flexibel dem Standort und den Zielkunden anzupassen. Zur Erfüllung der Ziele lassen sich die Funktionalitäten in drei Bereiche gliedern.

Transaktionsbereich

Die bisherige Hauptfunktion von SB Geräten liegt darin, Transaktionen selbständig und schnell tätigen zu können. Die oben genannten Basisdienste von SB Geräten bleiben erhalten und werden in jedem System unabhängig von Standort und Zielkunden angeboten, da diese Dienste von den Kunden am häufigsten genutzt werden. [vgl. Steria Mummert 2008] Für den Abschluss einer Überweisung am Terminal kann eine mTAN angefordert werden, welche per SMS an das

Mobiltelefon gesandt wird und eine zeitlich begrenzte Gültigkeit hat. [vgl.
Wessinghage 2005]

Als zusätzliche Funktion kann an Standorten in Geschäftsvierteln oder
Businessparks ein Cash Recycler an das Terminal angeschlossen werden.
Geschäftskunden können abendlich die Tagenseinnahmen einzahlen oder sich
Münzrollen ausgeben lassen. Durch die Automatisierung können Banken beim
Bargeldhandling bis 50% der Kosten (pro Transaktion) sparten. [vgl. Geldinstitute
2008c, S.48, bank und markt + technik 2002]

Service

Ein neues Ziel im SB Banking ist neben der Auslagerung von Transaktionen die
Verbesserung des Kundenservices mit Hilfe der SB Systeme und somit eine
Steigerung der Kundenzufriedenheit einhergehend mit langfristigen
Kundenbindung.

Der Servicebereich zeichnet sich durch ein breites individuell angepasstes
Informationsangebot aus. Wie im Online Banking bereits seit Längerem umgesetzt
können über das Terminal eigene Finanzprodukte abgeschlossen und verwaltet
werden. Neben den Kontoinformationen ist es möglich Informationen zu anderen
Produkten abzurufen:

- Spar- und Anlageprodukte
  z.B. Informationen über Laufzeiten und Höhe des Zinses

- Wertpapiere / Fonds
  Erstellung von Musterdepots, Verwaltung von Portfolios. Zusatzinformation
  über Aktien, Fons und Kurse wird in der Info / Relax Ecke geboten.

- Kredite und Baufinanzierung
  Stand der Rückzahlung und Tilgung

Eine weitere wichtige Funktion zur Verbesserung des Kundenservices ist die
Möglichkeit zur direkten Kontaktaufnahme mit der Bank oder dem Berater. Per
Videokonferenz oder Chat ist es möglich Beratung oder Hilfestellung zum
Abschluss oder der Verwaltung von Finanzprodukten zu bekommen. An einen
eigenen Posteingang auf dem personalisierten Profil können vom Berater zudem
Produktvorschläge und wichtige Nachrichten versandt werden. Die Nachrichten
werden als Kopie auch an die Email des Kunden geschickt, um eine ganzheitliche

Abwicklung über alle Kanäle (in diesem Falle Online Banking) zu gewährleisten. Über eine Druckfunktion kann der Kunde bequem die benötigten Informationen, individualisierten Produktvorschläge, Kontoübersichten und Auftragsformulare ausdrucken.

Partnerangebot

Je nach Standort kann das Serviceangebot der Banking Lounge durch verschiedene Partnerangebote angereichert werden.

- Bahnhof
  Bahntickets kaufen

- Flughafen
  Flugtickets, sowie Bahn- und Bustickets (des Zielorts) kaufen

- Altstadt, Entertainment-, Film- und Musikplätzen
  Kinokarten, Konzertkarten, Musicaltickets, …

- Schule, Universität
  Handy aufladen

Das Angebot der Zusatzleistungen kann durch Kooperationen ausgelagert werden [vgl. bank und markt + technik 2002]. Die Bezahlung der Zusatzleistungen erfolgt bei bankeigenen Kunden über Lastschrift, bei bankfremden Kunden über die EC- / Kreditkarte.

Durch das Zusatzangebot entsteht ein Mehrwert für die Kunden und es werden Bankkunden, wie Nicht-Bankkunden angesprochen.

Vertriebsbereich

Wie beim Erfolgsfaktor „Aktive Kundenansprache" bereits erläutert, kann in der Banking Lounge aktiv vertrieblich agiert werden. Am Terminal wird nicht nur weiteres Informationsmaterial zusätzlich zur Info / Relax Lounge angeboten, sondern auch die Möglichkeit zum Abschluss der Produkte. In der Banking Lounge, wie am Terminal selbst wird also die vertriebliche Ansprache mit der Information über die Produkte und dem Abschluss im Sinne einer durchgängigen Betreuung kombiniert.

Durch die Kombination der Lounge und des Terminals entstehen weitere Synergien im Vertriebsprozess:

- Wertpapiere / Fonds

  Die Information über die Aktien, Fonds und die aktuellen Kurse erfolgt über die Screens und die Fachzeitschriften, am Terminal kann dann ein (Muster) Depot eröffnet werden und die Aufträge für die Aktien abgegeben werden.

- Immobilien

  Die Immobilien werden in Fachzeitschriften, Aufstellern oder im Terminal vorgestellt und bei Interesse ein eigener Finanzierungsvorschlag gemacht.

Zur Abwicklung werden am Terminal Kalkulationstools angeboten, welche vom Kunden selbst bedient werden können und gegebenenfalls kann über einen Videocast Hilfestellung vom Berater angefordert werden. [vgl. bank und markt + technik 2002]

3.3.4. Integration

Im Zuge eines erfolgreichen Multikanalmanagements ist es wichtig, die Terminals in ein kanalübergreifendes CRM Konzept zu integrieren. Für eine durchgängige Betreuung der Kunden sollten Kampagnen konsequent über mehrere Kanäle fortgeführt werden und Kunden wenn nötig an den Berater weitergeleitet werden [vgl. Bartmann, Nirschl, Peters 2008, S.185]. Eine erste Beratung kann auch über Videokonferenzen über das Terminal geschehen.

Zur erfolgreichen Umsetzung eines Multikanalmanagement Konzepts ist es wichtig, Daten über die Kanalnutzung, Kundenverhalten und Kaufentscheidung zu sammeln und im Rahmen der Business Intelligence aufzubereiten und auszuwerten. Aus den so gewonnenen Informationen wir wertvolles Wissen gewonnen, um das Marketing und eine zielgerichtete Ansprache effektiver zu gestalten und mittels Cross-Selling Produkte zu verkaufen. [vgl. Bartmann, Nirschl, Peters 2008, S. 249-261] Der Vorteil im Konzept der Banking Lounge liegt darin, dass ein Großteil der Interaktion mit dem Kunden über das Terminal, also bereits elektronisch, stattfindet und diese Daten schnell und leicht erfasst werden können.

Durch moderne Banksysteme ist die Integration über WebServices leicht zu bewerkstelligen [vgl. Geldinstitute 2008b, S.46f]. Die Integration der Systeme benötigt eine Anbindung der Banking Lounges an das Rechnernetz der Bank. Da es sich im Finanzgeschäft hauptsächlich um sensible Daten handelt, muss auf den Sicherheitsaspekt ein besonderes Augenmerk liegen. Da auch bisherige

Automaten sicher an das Netz angebunden werden müssen, soll auf diesen Aspekt an dieser Stelle nicht eingegangen werden. Folgende Punkte sollten aber bei der Realisierung der Banking Lounges mit Terminals beachtet werden:

- Authentifizierung des Kunden durch EC- / Kreditkarte und PIN, bzw. Biometrie wie Tippverhalten (Tastatur vorhanden)

- Sichere Verbindung zu den Servern der Bank

- Kein Zugang zu anderen Internetquellen außerhalb des Bankennetzes

4. Zusammenfassung

Der Einsatz von SB Geräten wird in Zukunft weiter forciert und ausgeweitet, wobei der Trend weg von der reinen Rationalisierungsmaßnahme hin zu einem Transaktions-, Vertriebs- und Servicekanal geht. Neue Ziele, welche mit dem SB Banking erreicht werden sollen sind neben der Kosteneinsparung die Kundenbindung, Cross-Selling, aktive Kundenansprache, sowie Neukundengewinnung.

Das Konzept des Lounge Banking soll dazu beitragen, diese Ziele zu erreichen, indem die Erfolgsfaktoren des SB Bankings berücksichtigt und umgesetzt werden. Zusätzlich tragen zwei wichtige Aspekte zur Besonderheit des Lounge Banking bei: Der Convenience Gedanke soll vor allem die Kundenzufriedenheit und damit die Kundenbindung und auch die Neukundengewinnung verstärken. Als Convenience gelten im Lounge Konzept neben der Lounge Atmosphäre auch die Personalisierung der Terminals. Die Multifunktionalität der Terminals soll den Kunden ermöglichen einen großen Teil seines Bankgeschäfts selbständig und wann und wo er will zu verrichten. Die Verbindung von Convenience und Bankdienstleistungen soll dem Kunden einen einzigartigen Service bieten.

Das Konzept des Lounge Bankings ist neu und ungewohnt für Bankkunden. Für die Akzeptanz des Konzepts sollten daher wichtige Punkte berücksichtigt werden:

- Kommunikation der Änderungen und Vorteile [vgl. Karas 2005]

- Hilfestellung bei der Benutzung der Terminals und Personalisierung der Inhalte

- Anreize für die Benutzung [vgl. Zutter 2005]

17

Literaturverzeichnis

[bank und markt + technik 1999]
Banking Technology: Trends und Visionen \ SB Terminals: Selbstbedienung mit Mitarbeiterkontakt. IN: bank und markt + technik, S. 40. 01.12.2004.

[bank und markt + technik 2002]
Selbstbedienung: Banken und Handel verschmelzen. IN: bank und markt + technik. 01.04.2002

[Bartmann, Nirschl, Peters 2008]
Bartmann, Dieter; Nirschl, Marco; Peters, Anja: Retail Banking: Zukunftsorientierte Strategien im Privatkundengeschäft. Frankfurt. 2008.

[Deutscher Kaffeeverband 2007]
http://www.presseportal.de/pm/53925/1161808/deutscher_kaffee_verband_e_v. Abruf am 19.01.2009

[Geldinstitute 2008a]
Pfälzer Pragmatismus. IN: Geldinstitute 05/2008, S. 42f.

[Geldinstitute 2008b]
Herzstück für SB-Netzwerke. IN: Geldinstitute 05/2008, S. 46f.

[Geldinstitute 2008c]
Kundenorientiertes Münzhandling. IN: Geldinstitute 05/2008, S. 48f.

[Haze 2000]
Haze, Dr. Daniela: Der Multimediale Banking-Shop im Retail Banking. Bern, Stuttgart, Wien. 2000.

[Nirschl, Peters 2008]
Nirschl, Marco; Peters, Anja: Kundenorientierung und Neukundengewinnung im Vertriebskanal Selbstbedienung. Regensburg 2008.

[Kassner 2006]
Kassner, Sven: SB- Filial-IT Outsourcing: neue Perspektiven im Retail Banking. IN: Zeitschrift für das gesamte Kreditwesen. 15.02.2006.

[Karas 2005]
Karas, Dr. Ibrahim: Meilensteine auf dem Weg ins Online Zeitalter. IN: Die Bank. 09. Mai 2005.

[Steria Mummert, 2008]
Forthmann, Jörg: Innovative Konzepte rücken den Filialbetrieb von Banken und Sparkassen wieder in den Fokus. http://www.innovations-report.de/html/berichte/studien/bericht-102656.html. Abruf am: 01.12.2008

[Wessinghage 2005]
Wessinghage, Werner: Selbstbedienung bei der Postbank: auch am Telefon. IN:
bank und markt + technik, S. 42. 01.10.2005.

[Zutter 2005]
Zutter, Sandra: Selbstverständliche Selbstbedienung. IN: Schweizer Bank, S. 20.
20.04.2005